Herstellung und Verlag:
BoD-Books on Demand, Norderstedt
ISBN: 978-3-7322-5645-7

Zorica Bamberger

Die 10 *Mallorca* Gebote

Dieses Buch widme ich denen die ich am meisten liebe: meinem Mann Jörg und unseren Kindern Cynthia, Sandy-Jayne und Michael.

..und auch allen Lesern die mein erstes Buch gekauft haben und so dazu beigetragen haben, dass mein Buch: "Good bye, Mallorca!", Bod GmbH, ein Bestseller wird. Aufgrund diesen großen Erfolges, habe ich mich entschlossen, noch ein Buch mit dem Thema rund ums Auswandern
zu schreiben und dieses Mal das Kind ohne Rücksicht beim Namen zu nennen.

VORWORT

Das ist ein Buch von Auswanderern geschrieben, von einer Einwanderin, Auswanderin und schließlich Rückkehrerin nach Deutschland. Dies alles hat die Autorin Zorica Bamberger am eigenen Leib erlebt. Ihre Erfahrungen möchte sie gerne weiter geben und anderen Auswanderern helfen ihren Alltag zu meistern, oder dass sie es wenigstens etwas leichter haben. Hier findet man wertvolle Tipps, wenn man eventuell mit dem Gedanken spielt, auszuwandern.

Aber zuerst:

Die 10 *Mallorca* Gebote:

1. Wenn Du eine Ehekrise hast, gehe nicht nach Mallorca, geschweige denn, wandere dorthin aus.

2. Wenn Du (mehr) Geld verdienen willst, gehe überallhin, bloß nicht nach Mallorca.

3. Wenn Du in Leben und Beruf erfolgreich sein möchtest, gehe überall wohin Dich dein Herz trägt- bloß nicht nach Mallorca!

4. Bist Du reich und brauchst billige Arbeitskräfte? Möchtest Du Dich auf Kosten anderer wie ein Diktator fühlen, Dein kleines Ego auf Kosten der arbeitenden Menschen aufpolieren? - dann nichts wie ab nach Mallorca.

5. Bist Du wohlhabend und möchtest Pleite gehen- gehe nach Mallorca (am besten nach Cala Millor oder Arenal) da geht´s am

Schnellsten.

6. Suchst Du eine gut bezahlte und sichere Arbeit, gehe überallhin aber nicht nach Mallorca!

7. Bist Du Multimillionär und möchtest Dein Leben geniessen, dabei zuschauen wie sich die Mittelschicht quält und zur Unterschicht hinvegetiert? - ab nach Mallorca!

8.Möchtest Du wirtschaftlich um Jahrzehnte zurückgeworfen werden, gehe nach Mallorca und eröffne eine Bar oder Boutique.

9.Willst Du unter Mindestlohn putzen oder buckeln mit guten Chancen, dass Dir während der Arbeitszeit die Bude ausgeräumt wird - dann fackel nicht lange, ab nach Mallorca!

10. Möchtest Du Deinen Kindern die Zukunft vollends verbauen, mit Garantie auf Hautkrebs und Arbeitslosigkeit? - ab nach

Mallorca!

Ja, ja, das sind sicherlich die merkwürdigsten 10 Gebote, die Sie je gehört haben….und doch entsprechen sie absolut der Wahrheit.

Das Lied von Türken und Deutschen

Wenn Einwanderer nach Deutschland kommen sind sie ganz sicher, was sie hier wollen. Geld verdienen. Da sind wir uns ja wohl einig.
Sie wollen mehr Geld verdienen und sie wissen auch ganz genau wo dies möglich ist.

Eben in Deutschland.

Wenn die Deutschen aber auswandern wollen, dann begeben sie sich auf die Suche nach Glück. Nach Freiheit, nach einem Haus ohne Briefkasten…Da bin ich fest von überzeugt.

Denn Geld haben sie ja schon. Da sind wir uns ja auch einig.

Aber Glück, diese innere Ruhe und Zufriedenheit mit sich selbst, wie viele von uns das Glück bezeichnen, haben wenige. Und sie spüren wo sie es finden können, so wie die Zugvögel die im Herbst ganz genau wissen, wohin sie fliegen müssen, wenn kalte Zeit des Jahres kommt.

Also nichts wie weg und ab in die Süden! Wenn die Sonne so schön scheint und am Bauch und am Nacken kitzelt, hmmmm wolkenloser blauer Himmel, leichte Brise, Alleen umrandet mit Palmen, und das Glück scheint perfekt…

Es fehlt nur noch das...

Das gewisse Etwas

"Wir haben kein Haus und keine Arbeit!"-

stellte mein Mann auf dem großen Parkplatz vorm Caprabo irgendwo am Rande von Palma de Mallorca lakonisch fest.

Das stimmte ja auch.
Leider.
In Deutschland haben wir unseres schickes Häuschen schon bereits gekündigt, so wie meine Arbeit in der (exklusiven) Münchener Bäckerei der Hofpfisterei, wo ich sehr gut verdient habe. Mein Mann hatte seine Gartenbaufirma, die auch erfolgreich lief. Wenn ich das im Nachhinein betrachte, denke ich, wir waren nicht bei Verstand, als wir das alles aufgaben. Aber wir konnten ja nicht ahnen…..

Was wir hatten war ein Ford Transit, ein sechs Monate junges Baby, ein Hund und Sachen die man gut gebrauchen konnte oder von denen man sich nur ungern trennen wollte.

„Ein Haus oder eine schöne Finca mit Pool

finden wir bestimmt in kürzester Zeit. Du hast gerade ein Termin bei einem Makler ausgemacht und Arbeit finden wir auch, wir müssen uns nur ein bisschen anstrengen und daran fleißig arbeiten. Wollen wir denn nicht auch hier unsere Gartenbaufirma registrieren und wie in Deutschland weiter machen? Und hier ist es ja noch besser: Schöneres Wetter, stell dir vor kein Regen, hey, das ist was! Und Bezahlung, die ist ja auch bestimmt besser. Hier auf Mallorca, leben ja nur Reiche.

War doch im Fernsehen."

Stimmt also.

Ja, wir Frauen sind wirklich geschaffen um in schwierigen Situationen etwas zu beschwichtigen.
Aber das mit dem Fernsehen…ja das schauen wir auch gerne…
Das Haus hatten wir ja tatsächlich schnell gefunden und zwar das erste was uns gezeigt

wurde. Ein Glück dass wir gleich eine ruhige Gegend, nette Vermieter und auch nette Nachbarschaft gefunden hatten. (Für Deutschland undenkbar!!!). Oder mal ganz ehrlich: Haben Sie schon mal nette Nachbarn oder Vermieter in Deutschland gesehen? Da lachen ja die Hühner…Uns schien es so, als wollte uns das Schicksal zeigen, es soll so sein, keine Schwierigkeiten! Weiter so, Ihr seid auf dem richtigen Weg…dass uns ein ganz neues Leben bevorsteht, glücklicher und viel sonniger als in der regnerischen, kalten und briefkastenverseuchten Heimat. Nur eine Woche her, auf dem Weg nach Spanien blieb hinter uns Frost und jede Menge Post (Warum ist immer nur Mist im Briefkasten, nur schlechte Nachrichten? Weiss das zufällig jemand?) Mir wurde klar, "zu Hause" ist da wo Dein Herz sich wohl fühlt, wohin Du auch immer gehst.

"Ach, Mensch! Wir müssen es wenigstens probieren. Nach Deutschland können wir

immer noch zurück"- ich war so angetan von der strahlenden Sonne und das Anfang März,- „was kann denn schon schief gehen an so einem wundervollen, sonnigen Tag!"- sagte ich noch voller Freude, Enthusiasmus und Hoffnung auf eine bessere Zukunft.
Eigentlich hatte ich ja auch Recht, oder?
Eine Zeit so schön wie ein sonniger Tag kam auf uns zu.

Willkommen in Neandertal
               (heißt ein Lied der EAV)

Wenn es so leicht wäre eine Arbeit zu finden und in einem schönen Haus zu wohnen wären wir noch immer auf Mallorca und würden das milde Klima genießen. Aber alles, was mit Arbeit oder Geld verdienen zu tun hatte, war stets der absolute Alptraum.

Vor allem, wenn man die Verdienstmöglichkeiten in Deutschland kennt.

Schon nach zwei Wochen in unserer neuen Heimat, habe ich eine Arbeitsstelle in einem Restaurant gefunden. Ich musste alles machen: bedienen, kochen, an der Bar Getränke mixen, Fenster und WC-s putzen, was ich auch gerne gemacht habe. Ich wollte mein Geld ehrlich verdienen, kam gerade aus Deutschland und habe dort schon gelernt, dass man mit Fleiß und Engagement sehr viel erreichen kann.

Hm, in diesen vier Monaten von April bis Ende Juli, wurde ich ständig kontrolliert, dass ich das Gefühl hatte, ich wäre der Staatsfeind Nr. 1, wurde ständig beschuldigt, dass ich was gestohlen habe, was die Teenie-töchter des Besitzers vor meinen Augen gemacht haben, unzählige Überstunden gemacht habe für die ich nicht einmal ausbezahlt wurde. Ich habe von 10.00-19.00 Uhr durchgearbeitet und wie der Teufel will, erst zehn Minuten vor meinen Feierabend kamen dann auch viele Gäste. Deren Töchter (damals 16 u. 18 Jahre alt) die da auch mitarbeiten sollten, haben, anstatt mir zu helfen, das es schneller geht und ich meinen verdienten Feierabend auch mit meiner Familie genießen kann, teilnahmslos weiter vor der Glotze gesessen. Die Eltern, eine Deutsche und ein Mallorquiner, waren ja die Chefs und nirgendwo zu sehen. Irgendwann nach vier Monaten habe ich einfach, ohne viel zu erklären, gekündigt. Enttäuscht und genervt war ich jedoch sehr. Ich habe an meine frühere Arbeitsstelle gedacht. An die Bäckerei, die auch ein Familienbetrieb war. Da hat einfach alles geklappt. Die Filialleiterin war nicht die Chefin die Befehle erteilte, sondern eine Führerin, die ihre Mitarbeiter respektierte und durch den Arbeitsalltag führte, dass wir alle gerne unser Bestes gaben. Auch an extra Belohnungen und Prämien hat es nicht gemangelt. Vor mir stand die Beförderung zur Filialleiterin und wenn ich Deutsch etwas besser beherrscht hätte vielleicht auch mehr..

Ich fühlte mich als Versagerin schon in diesen ersten Monaten auf Mallorca.

Die ersten Auseinandersetzungen mit dem Ehemann blieben nicht aus, an Vorwürfen beiderseits wurde nicht gespart, wir waren alles andere als ein glückliches Ehepaar. Warum?

Tja…

"Wir konnten ja auch nur Urlaub machen, wenn uns nach Sonne ist."
"Du wolltest es ja auch, was machst Du mir jetzt Vorwürfe ich sei allein schuldig, dass wir jetzt hier sind!"
"Nein, ich war so glücklich, pardon, überglücklich in "meiner Bäckerei" und deine Firma ist auch gut gelaufen.!"
"Nein, in letzten Jahren war es nicht mehr so gut!"
"Ja, aber auch nicht so schlecht!"
Und und und.. wenn man streiten will kann man das ja ohne Ende....bringt nur nichts.

Aber das haben wir ja Gott sei Dank eingesehen und beschlossen, an einem Strang zu ziehen, um die Situation zu verbessern...
Wir müssen also etwas tun...

Mein Mann gründete seine Gartenbaufirma auch auf Mallorca. Die Aufträge kamen ja tatsächlich. Allerdings, nicht genug und was noch schlimmer war und was wir mit großem Entsetzen feststellten: die vergleichen uns mit marokkanischen 6-Euro-Arbeitern.

"Na, wollen Sie arbeiten oder nicht? Mir ist es egal ich kann auch einen Spanier einstellen, davon gibt es ja genug hier und die stellen nicht so viele Fragen wie ihr.."
"Ja, ja. Das haben wir ja auch nicht übersehen, dass es Spanier genug gibt und das viele von denen für nur 6 Euro die Stunde arbeiten und dann auch noch dafür dankbar sind.
Ja, wir nehmen die Arbeit genauso dankend

an, denn wir müssen auch arbeiten, um unser Leben finanzieren zu können."

"Ich arbeite dann und meine Frau auch, das sind ja schon 12 Euro die Stunde! Oho ho!" "Nein, nein davon war nie die Rede. Ich stelle nur Sie ein Herr Bamberger und wenn Sie wollen können Sie noch 10 Mitarbeiter mitbringen ich zahle nur eine Person. Klar?

Mein Mann lehnte dankend ab mit dem schrägen Hinweis an den „Kunden" dass er sich für dieses bischen Geld einen anderen Dummen suchen solle.

Der nächste Versuch war in einem Ort namens Gotmar oder Gottmar, das weiss ich nicht mehr so genau. Dort rief uns der liebe nette Herr U. an, er benötige Hilfe im Garten. Das bergige Grundstück musste man komplett roden, weil Herr U. ein Haus darauf bauen wollte. Mein Mann bekam lächerliche 60 Euro am Tag. Als er auch mich mitbrachte und ich ebenfalls den ganzen Tag mitarbeitete, bekamen wir man glaubt es kaum wieder 60,-- Euro am Tag. Dann blieb ich wieder daheim… Der Arbeitgeber war ein Millionär, offensichtlich sehr sparsamer, besonders wenn es um Arbeiter geht die schwere Arbeiten erledigen mussten. Für jeden anderen Schnick Schnack dagegen war Geld ohne Ende vorhanden. Nur für den Arbeiter gab es einen erbärmlichen Hungerlohn.

Das gerodete Grüngut -es waren unmengen- geschätzte 50 cbm, liess er uns auf das untere Nachbargrundstück schmeissen, da Entsorgungsconainer „viel zu teuer" seien.

Kurzum, Gottmar hatte wohl nichts mit Gott zu tun, außer vielleicht, dass die dortigen Bewohner alles taten, die 10 Gebote zu missachten.

"Meine Frau kann ihnen eine volle Tüte Arbeitsklamotten vorbereiten, Frau Bamberger?"- sagte mir eines Tages unserer Arbeitgeber, mir schien es als Entschädigung für nicht bezahlte Stunden.

"Nein, danke! Ich habe genug Arbeitsklamotten!"- sagte ich doch etwas beleidigt.

"Du denkst, seine Frau hat Arbeitsklamotten?"- scherzte mein Mann…

"Aber, na ja, wenn sie es hat, ja, warum nicht...Ich bin ja Arbeiter, nicht wahr? Und dementsprechend konnte ich viele Arbeitsklamotten gebrauchen."- sagte ich doch gerade noch rechtzeitig.

Ich bekam tatsächlich eine große Tüte Klamotten, manche hatten sogar noch ein Etikett und wie ich vermutete, sie waren alles andere als für die Arbeit geeignet. So war es dann auch. Immerhin, ich bekam kein Geld -was wir nötiger gebraucht hätten- aber wenigstens Klamotten…die aber nur, weil sie diese nicht mehr brauchte.
Ich fand es sinnlos, zu Hause zu sitzen und

auf die Rückkehr meines Mannes von der Arbeit zu warten. In Deutschland hätte ich es vielleicht gemacht, aber hier auf Mallorca… Wir waren glücklich, dass wir überhaupt einen Auftrag haben, man bekommt wenigstens so viel, dass man nicht an die Reserven gehen muss, diese waren ja sowieso schon ganz schön geschrumpft.

Ein weiterer unserer ersten Aufträge war von einer Frau, die eine ganz schöne Pferdezucht nähe Andratx betreibt. Man kann es nicht vergessen denn es war genau am 11. September 2001. Da kam sie mit Erschrecken zu uns und erzählte was los ist in NY. Wir haben erstmal nicht geglaubt, dass es so schlimm ist, ich hatte meine Arbeitsklamotten an, mein einjähriges Kind im Autositz, und ich dachte: "Muss unbedingt jetzt die Weltapokalypse passieren wo wir endlich Fuß gefasst hatten, unsere Firma im Aufbau war und wir endlich Geldverdienen und reich werden können. Und das alles auf Mallorca! Das

gelingt doch nicht jedem…"
Mein Kind hat in zwei Tagen ihr ersten
Geburtstag und ich habe mir diesen Tag
etwas anders vorgestellt. Die Welt steht unter
Schock, am Tisch steht ein Gugelhupfkuchen
gekauft für einen Euro.. Immer hin besser,
als gar nichts. Die Kinder in armen Ländern
wären ja überglücklich, wenn sie überhaupt
etwas auf dem Tisch hätten. Also bitte….

Wir waren ja auch glücklich.

Trotz Geldmangel und unsicherer Zukunft
haben wir in unserem Herzen das erste Mal
diese wahre, innere Ruhe entdeckt, die Leute
brauchen, um glücklich zu sein. Die
Mallorquiner haben uns schon angesteckt
mit deren Gelassenheit.

„Ja, aber…"

Ja, eben. Aber…

Wie uns allen mittlerweile bekannt ist, ist die

Welt nicht untergegangen auch wenn solch schreckliche Dinge wie am 11. September passieren. Unsere kleine Gartenbaufirma hat schon ihren Anfang genommen und wir bekamen immer wieder Aufträge von Deutschen die auf Mallorca leben. Das waren eigentlich sehr nette Persönlichkeiten und wir waren dankbar für jeden Auftrag, den wir bekommen haben. Wir haben uns sogar getraut ein anderes, schöneres grösseres Haus mit Pool zu mieten, inmitten der Insel, nahe Inca, umgeben von Mandel- Zitronen, Orangen- und Granatapfelbäumen. Dies alles konnten wir im eigenem Garten pflücken.

Wir waren eigentlich, sehr sehr glücklich.

Wir lebten ein Leben ohne Hektik und ohne Briefkasten, in Deutschland ja die Wurzel allen Übels!!! Die Mallorquiner haben uns gezeigt, dass man mit Gelassenheit und Freundlichkeit (dafür ohne Briefkasten) viel besser leben kann. Wir genossen die Insel, ihre Shoppingcenter Alcampo haben wir auch öfter besucht, man könnte fast schon sagen: "Ja wir haben es geschafft!" Wir leben auf dieser schönen Insel, wir genießen schönes Wetter, wir verdienen genug Geld, wir haben unsere kleine Familie, wir haben unser Leben…

…und alles andere kann uns mal

Leider war das nicht so. Dass unser Leben von anderen abhängig ist, war uns wieder mal bewusst als der Krieg im Irak begann.

Ich habe eine Sache bemerkt: immer wenn es in der Welt krieselt, so scheint es, spüren wir als Gärtner dieses zuerst. Auf einmal ruft keiner mehr an, auf einmal sind unsere Dienste zu teuer, auf einmal gibt gar kein Bedarf nach Gartenpflege oder -gestaltung. Wir mussten mal wieder von vorne anfangen. Drei Monate rief nicht ein einziger

Mensch an.

Wir waren in Panik. Also, doch, das Geld…

Dann nach mehreren Monaten „Zwangsurlaub" und zwar mitten in der Saison von Mai bis Juli, kam nur ein einziger Anruf. Man hat den Klang des Telefons und den Klang der Stimme des Kunden richtig genossen…und man konnte es kaum glauben dass sich jemand auf unser Inserat gemeldet hatte.

Ja, wir bekamen(!) den Auftrag: den ganzen Garten von mehreren tausend Quadratmetern durchzuputzen und ein paar Stellen neu anzulegen. Die Kohle hat ja auch gestimmt. Was wollten wir denn mehr! Wow! Wir waren gerettet!

Hm, zumindest für ein paar Monate konnten wir länger auf dieser schönen Insel bleiben und das schöne Wetter und die Freiheit genießen, neue Pläne schmieden, wie wir reich werden könnten, auch auf Malle und allen zeigen, dass es möglich ist!…So viel verrate   ich   schon   jetzt.

Ja, da kann man richtig lachen! Und heulen zugleich.. Wenn ich zurückblicke…

Der Arbeitgeber war ein 50ig jähriger Geschäftsmann aus Hannover, Herr F., der eine große Firma in Deutschland hatte, neben ihm war auch seine Lebensgefährtin spanischer Herkunft, die ca. wie 30 Jahre jünger war als er und bildhübsch. Eigentlich schien alles in bester Ordnung zu sein, denn sie passten in das Bild des typischen Paares das auf Mallorca lebt. Er reich und alt, sie jung und… will auch was von der Welt sehen...und schicke Klamotten tragen.

Die ersten drei Monate konnten wir unser Glück nicht fassen, denn es blieb nicht nur bei dem einen Grossputz!
Nein, wir bekamen noch das Angebot, sein Garten und das ganze Anwesen zu betreuen, durchgehend, auch wenn sie nicht da sind und ihren Urlaub hier verbringen. Ich habe

noch eine "Beförderung" bekommen auch seine Finca und noch zwei andere Gästehäuser zu putzen und in Ordnung zu halten. Er hat uns versprochen, er wird uns auch noch anmelden und wir bekommen also einen festen Lohn. Wir bekamen für die Neuanlage und den Grossputz satte 6.000,-- Euro auf die Kralle und es schien den Kunden nicht im Geringsten zu jucken. Ja, solche Kunden brauchen wir!- und keine Jammerläppchen die jedem Euro hinterher heulen...

Des Weiteren sollten wir ab sofort neben der regulären Anmeldung nun monatlich einen Fixbetrag von Euro 1.600,-- erhalten.

Mehr wollen wir ja auch nicht! Das reicht ja locker, um auf dieser schönen Insel für ewig zu bleiben... Und der Kunde war hochzufrieden mit uns.

Meine Güte, was kann das Leben schön und einfach sein!

Aber wie das Leben so spielt auch das ging

zu Ende, leider! So viel verrate ich schon mal!

Schon beim nächsten Besuch von unserem Arbeitgeber (Familie) kurz vor Weihnachten, haben wir dessen wahres Gesicht kennen gelernt: wir wurden pausenlos, grundlos und bei jeder Gelegenheit angemault, obwohl wir immer unser Bestens gegeben haben und unsere Arbeit auch nicht schlechter und anders war als vorher.

Nein Leute so geht`s nicht!

Wo sind wir denn? Im Mittelalter oder was?

Wenn ich psychische Schäden davongetragen habe, dann aus dieser Zeit. Von wegen, "nur"die Kindheit zählt, wie manche Psychologie Theoretiker behaupten, die Gegenwart ist genauso wichtig!!
Wie auch immer, die Zeiten waren der tiefste Punkt unseres Lebens auf Mallorca.

Irgendwann, nach einem halben Jahr haben wir bemerkt, dass dieses Sklavenleben nirgendwo hinführt und dann haben wir gekündigt, zumal wir die beiden letzten Monate auch noch unserem Geld hinterherlaufen mussten. Da war Ende bei uns und mit unserer Geduld. Was uns sehr wach gerüttelt und dazu gebracht hat, dass wir etwas unternehmen müssen war einmal eine Aussprache mit seiner Lebensgefährtin die -wie immer- mit ihm Streit hatte. Sie sagte, dass sie einen Wahrsager bezahlt hatte, um zu erfahren wie es mit ihm weiter geht. Die Summe die sie dabei erwähnt hatte war zwei mal so groß wie unsere nicht ausbezahlte Arbeit für zwei Monate. (Was der Wahrsager ihr gesagt hatte ist besser nicht zu erwähnen).

Wir waren frustriert und enttäuscht. Der Alltag, gezeichnet von unserem Überlebenskampf, war komplett zerstört. Harmonie? Ja, da war mal… In der Zeit mussten wir uns eingestehen, dass wir eigentlich als totale Verlierer dastehen und nur wegen diesem I...., der seinen Frust den er sich beim Streit mit seiner jungen Lebensgefährtin holte, an uns ausliess.

Die ersten Gedanken, Mallorca zu verlassen und nach Deutschland zurückzukehren gingen uns durch den Kopf.

„Aber wie, denn bloss? Als Verlierer? Niemals! Und vergessen wir nicht die in Deutschland existierenden Briefkästen....

Genau nach der Enttäuschung mit unserem „großen Boss" auf den wir alle Karten gesetzt haben, kam in unser Leben ein anderer „großer Boss" der uns Arbeit angeboten hatte. Er passte auch mit seiner 20 Jahre jüngeren Lebensgefährtin in das typisch mallorquinische Erscheinungsbild eines Paares und es schien (mal wieder) alles in bester Ordnung zu sein.
Ich und mein Mann bekamen eine schöne

Arbeitsstelle in der Verwaltung seine Firma. Das er etwas Verbotenes macht und dafür auch am Ende noch in den Knast wandern könnte, war uns nicht bewusst. Er hat uns zwar einen sehr guten Lohn gezahlt aber auch ihn mussten wir jeden Monat „erinnern", dass er uns unseren Lohn pünktlich ausbezahlen soll. Unserer Alltag war: Minimum sieben Tage im Monat standen wir vor dem Bankautomat und stellten enttäuscht fest, dass das Geld noch nicht überwiesen wurde, wie man uns versicherte. Naja am Ende kam es immer an, es machte ihm wohl freude, sein Ego dadurch aufzupolieren, dass man ihn nach dem Geld fragen musste…Er war halt ein neureicher Ossi, dem das alles zu Kopf gestiegen war und der jedes Maß verloren hatte.

Nach zwei Jahren, haben wir festgestellt, so sollte eine Familie nicht leben.

Und von heute auf morgen entschieden wir

uns, zurückzugehen. Geld hatten wir ja beim zweiten „Grossen Boss" genug verdient. Eigentlich hätten wir auch bleiben können, aber mein Mann meinte, er habe die Nase voll von den Idioten hier und die beste Möglichkeit zurückzugehen sei jetzt, da wir nun auch ein schönes Kapital für einen Neuanfang in Deutschland haben.

Eigentlich von heute auf morgen war es ja nicht, dieser Gedanke schlummerte schon länger in unseren Köpfen, mal mehr mal weniger, bis uns eines Tages alles dermaßen nervte, dass wir packten und ab...
Wenn ich eine bekannte Sendung im Fernsehen anschaue, ist es irgendwie immer das gleiche, und erst recht Auswanderer auf Mallorca haben meist alle die gleichen Probleme -wie verdiene ich das Geld? Hier geht es nicht um große Summen und Reichtum zu schaffen, sondern um ganz normale Einkommen um den Lebensunterhalt bestreiten zu können.

Aber nicht mal das ist einfach und selbstverständlich (auf Malle).

Viele sind in richtige Armut gestürzt aber zurückzukehren nach Deutschland ist für viele vergleichbar mit dem Tod. Was tot war, war eigentlich nur der Traum, dort zu leben wo die Sonne so lange und schön strahlt…

Eigentlich ein sehr schöner Traum.

UNSERE SCHÖNEN ERFAHRUNGEN

Ja, die hatten wir

Das ist: die Sonne!

An aller erster Stelle die Sonne.

Man steht auf und was man zuerst sieht ist die strahlende Sonne, die wie eine Kugel am hellblauen Himmel hängt, uns anguckt und einen warmen Gruß schickt. Man ist erfreut von diesem Gruß da es mal etwas Positives auf Mallorca ist. Man möchte diese Freude mit der ganzen Welt teilen.

Das sind die Menschen.

Nein nein, nicht erschrecken, ich habe den Verstand nicht verloren. Jedenfalls noch nicht. Du wirst sehen, es handelt sich nicht um unsere deutschen Arbeitgeber.
So nette, natürliche und freundliche Menschen wie es die Einheimischen auf Malle sind, habe ich noch nirgendwo angetroffen. Die nehmen einen so wie er ist.
Und da liegt genau das Geheimnis. Erst dann hat man ja die Möglichkeit zu wachsen, gut zu anderen (und auch zu sich selbst) zu sein; man öffnet sich nach und nach und man entdeckt ganz unbekannte Seiten an sich selbst. Ich habe dort das erste mal Lust gehabt zu malen. Einfach genau das zu machen wofür ich mich eigentlich als komplett untalentiert gehalten habe.
Ich habe genau da entdeckt, dass ich ein sehr großes Talent habe, leuten zuzuhören. -Sehr

wichtig in meiner jetzigen Beschäftigung als Psychologische Beraterin.

Ich habe dann auch die Leute so genommen wie sie sind ohne das Bedürfnis zu haben, sie ändern zu wollen wie es mir passt und das bisschen Zeit, die ich mit ihnen verbracht habe, habe ich richtig genossen.

Für Mallorquiner sind ihre Fiestas und Firas hoch und heilig und ich würde sagen, einfach miteinander zu sein ist für die Mallorquinische Seele das einzig Wichtige. Und wo ist man am meisten zusammen und wo kommen so viele Leute zum gleichen Platz und zur gleichen Zeit?

Es ist einfach diesen Spirit wie es Amerikaner etwas pompöser nennen dort zu leben.
Wir sagen, Geist oder einfach Seele.
Die mallorquinische Seele strahlt Friede, Gelassenheit und Freundlichkeit aus. Sie lehrt uns gestresste Mitteleuropäer, wie man

eigentlich lebt, im Einklang mit der Natur und mit sich selbst. Sie lieben ihr Mallorca und sie zeigen es auch. Aber nicht auf diese nationalistische Weise wie man es bei manchen Ländern kennt. Sie möchten das eigene Land nicht nur für sich behalten, sondern wollen es alles zeigen und mit ihnen teilen.

Sie zeigen Respekt zueinander, sie begrüßen sich auf den Strassen, egal, ob man sich persönlich kennt oder nicht; sie sind hilfsbereit, gastfreundlich und und und...

Zu Kindern sind sie ganz besonders lieb und fürsorglich; sie sprechen mit ihnen und widmen ihnen viel Zeit. Deren Kinder bekommen vielleicht nicht so viele Geschenke wie die Kinder in Deutschland aber dafür spielen mit ihren Kindern selber ganz lange, dass es allen Spaß macht und das ist ja auch viel wichtiger.

Auf solche Art und Weise zeigt der Mallorquiner den Einwanderern, dass sie willkommen sind.

Und man fühlt sich so richtig gut!

Wirklich, ein gutes Gefühl! Man fühlt sich glücklich, ganz einfach glücklich! Aufgenommen. Um mich rum sind meine Verbündeten. Ich weiß, ich kann mich auf meine Nachbarn verlassen, wenn schwierige Zeiten kommen. In Deutschland ist es genau umgekehrt. Da kommen die schwierigen Zeiten, WEIL Du Nachbarn hast. Die besten Arbeitgeber des deutschen Anwalt-Heeres.
Obwohl ich eigentlich ganz Unbekannte für meine mallorquinischen Nachbarn war, haben sie mich und meine Familie gleich aufgenommen als wären wir einer von ihnen und schon ewig hier. Eigentlich, stimmt es ja. Ich denke auch dass wir Menschen alle gleich sind.
Sie respektierten mich und meine Familie und wir respektierten sie dann auch.

Ja, das muss ich noch einmal laut sagen:

„Liebe Leute, liebe Mallorquiner, ich

respektiere euch sehr! Und ich danke für Eure Freundlich- und Menschlichkeit! Davon können sich die bösartigen, streitsüchtigen, neidischen Deutschen, mit ihren dicken Geldbeuteln eine noch dickere Scheibe abschneiden. Euer Land ist nicht fremd für mich. Ihr seid auch keine Fremden für mich. Meine Familie wurde von euch so liebevoll aufgenommen und wir fühlten uns ganz pudelwohl bei euch. Habt ganz vielen Dank dafür, liebe Leute!"

Das ist noch etwas was ich von diesen wunderbaren Persöhnlickeiten gelernt habe: Dankbarkeit zu zeigen.

Mit solchen warmem Herz und positiver Einstellung, zeigen sie Gott Dankbarkeit für ein solche schönes Land wo sie leben und die strahlende Sonne der ständige Begleiter ist.

Das ist die Landschaft allein, die man bewundert und genießt.

NICHT ZULETZT (nur für die die auswandern möchten)

..und nun ist es Zeit für Dich..

Du hast schon mitbekommen wie ich und meine Familie die Zeit als Auswanderer erlebt haben.

Wie ist es bei Dir?

Du willst also auch auswandern?

Bist du zufrieden mit deiner Arbeit bzw. Arbeitgeber?
Wie behandeln sie Dich? Als Mensch nehme ich an, oder…?
Mobbing?
Was findest Du täglich für Müll im Briefkasten? Idiotische Rechungen? Für

lauter Mist den Du nicht brauchst und auch nie bestellt hast? Deutschlandradio (GEZ), Steuern, Strafzettel, Anwaltsschreiben, weil ein Ast Deiner Büsche 20cm beim Nachbarn drüben hängt? Arztrechnungen, weil die Kassen nichts mehr zahlen? Zum Haulen ist das nicht wahr? Vielleicht besser auf Malle in Armut als hier mit gutem Verdienst, der dir aber planmäßig wieder abgenommen wird? Heizkosten ohne Ende? Nebenkosten dass man weinen muss. Stromnachzahlungen? Hmmm….wenn ich weitermache, packe ich heute noch und geh wieder zurück…..

Wenn Du die Möglichkeit hättest, etwas in deinem Leben zu ändern, was würdest Du zuerst tun?

… Na dann mach es trotzdem…würde ich sagen.

Wie auch immer, Du fällst für Dich und auch die anderen Menschen, die mit dir sind und dich kennen, eine sehr wichtige Entscheidung. Dabei spielt es keine Rolle ob sie mit dir mit gehen oder in Deutschland bleiben, für alle ist das eine wichtige Entscheidung, denn sie bringt Veränderungen die einen aus einem sicheren und durchschaubaren Alltag werfen (bis auf den Inhalt des Briefkastens). Ich hab schon mal überlegt, ob ich nicht eine Direktverbindung zur Altpapiertonne herstellen soll….

Es ist auch sehr mutig auszuwandern. Diejenigen, die auswandern wollen sind mutige Menschen und vielleicht ein bischen verrückt. Aber das ist doch schön, oder?

Was ich selber in all diesen Jahren erlebt habe und was ich auch bei anderen Auswandererfamilien bemerkt habe: Wir alle waren auf der Suche nach dem Glück, einem besseren Leben.

Aber was war denn so schlecht vorher, im alten Leben, in der Heimat. Heimat ist doch nicht nur das Land wo man geboren ist oder wo die Eltern herkommen, sondern Heimat steht auch für Geborgenheit oder? Was hat uns denn so verdammt gestört um glücklich zu sein und ein erfülltes Leben zu leben? Oder war das nur die Gier, die uns getrieben hat in ein anderes Land zu gehen und dort Wurzeln zu schlagen?

Nein!
Es war die Suche nach Freiheit (ohne Briefkasten) ohne böse Nachbarn und Mitmenschen usw. usw. usw…

Waren wir es selbst die die Notbremse gezogen haben und sich ein „normales" Leben wünschten, oder waren es doch (und immer) die anderen, die uns dazu getrieben haben, was Neues auszuprobieren? Und genau die wollen wir nun verlassen. Bloß weit weg von denen…Keine schlechte Entscheidung…

„Mein altes Leben möchte ich nicht mehr. Ich will mehr von meinem Leben, als nur von Mo.- Fr. von 8.00 - 16.00 Uhr für die

Firma da zu sein, mich von unfähigen dumm anreden zu lassen, und wenn das WE endlich da ist bin so erschöpft, dass ich nur noch Fernsehen oder schlafen kann.

Ich will mein Leben leben, nicht das der anderen... als deren Marionette. Ich will mein Leben selbst in die Hände nehmen und nicht immer nur den Befehlen meiner Vorgesetzten folgen müssen. Und selbst wenn ich mein Bestes gegeben habe, die finden ja doch immer was zu meckern... Ja, Koffer packen... Und weit weit weg! Ihr könnt mich alle mal!

Ihr habt mich lange genug verarscht jetzt bin ich dran!"

Oh, je. Wie auch immer, ich verstehe dich.

Wenn das so ist, dann ist es wirklich am besten in ein anderes Land zu ziehen um Abstand zu gewinnen von all dem deutschen Irrsinn. Alle Lasten einfach abwerfen und auf in neues, blühendes Leben.

Vielleicht hast du mehr Glück als wir? Dann

darfst Du aber nicht nach Malle....

Ah, das habe ich fast vergessen

Was ich noch an uns Auswanderern beobachten konnte: wir wirkten, als ob wir alle von etwas fliehen wollten. Als wenn man den Wohnort bzw. das Land wechselt, wechselt man auch das ganze Leben, Persönlichkeit, Wesen oder gar Identität.

Ein Paar war erfolgreich in dem Geschäft, welches sie beide aufgebaut haben, aber privat kriselte es. Sie wanderten ausgrechnet nach Mallorca aus und sahen dies als einzige Rettung. Sie dachten, „die Sonne Südens wird uns wieder zueinander führen." Naja in Malle kamen dann noch mehr Probleme hinzu, nun sind sie getrennt und beide pleite.

Die Beziehung des zweiten Paares begann mit einem Seitensprung. Viele Menschen wurden dadurch verletzt und enttäuscht. Wie kann man denen bloss noch in die Augen schauen? Natürlich, am besten weit weg - am besten Mallorca! Und so war das dann auch. Von wegen am besten Mallorca. Da lachen ja die ... Sie sind auch pleite.

Ein drittes Pärchen ist der Meinung hier in Deutschland bin ich noch zu gut, in USA kann ich mich so richtig austoben, reich werden und mein Leben geniessen wie die Superstars. Die Gattin wollte nicht mal selber was tun sondern sie hat gleich so getan als wäre sie schon Superreiche (nur weil sie dort ist) und eine „echte" Dame. Die Enttäuschung, dass das Würstchengeschäft in die Hosen ging, war nicht zu übersehen.

Das vierte Pärchen hat gerade die Scheidung hinter sich. Er bleibt in Deutschland und ernährt nach wie vor das was von der Familie geblieben ist, sie will offensichtlich alles hinter sich lassen und ein ganz neues Leben anfangen, ein schöneres und fröhlicheres und ganz nach ihren Vorstellungen und Regeln. Natürlich-Mallorca ist die beste Lösung… Schon nach ein paar Wochen muss sie feststellen, dass ihre geniale Geschäftsidee (Nagelstudio) keine einzige Kundin gebracht hatte. Kein Wunder eigentlich, denn jede Putzfrau Mallorcas, die nicht mehr putzen will, bietet Nagelpflege an.

Tja, was soll man dazu noch sagen? Man braucht ja kein Experte zu sein um festzustellen, dass die Idee auszuwandern von den meisten nicht richtig geplant und mit Vorinformationen ausgestattet war.

Was mir noch auffiel ist folgendes:

die Menschen die nach Norden auswandern, suchen als Auswanderer tatsächlich „nur" bessere Verdienstmöglichkeiten und einen sicheren Arbeitsplatz. Diejenigen aber, die den Süden wählen, sind offensichtlich auf der Suche nach dem Glück und innere Ruhe. Sicherlich gibt es die eine oder andere Ausnahme sie entspricht aber sicher nicht der Mehrheit des Erfolgsrezeptes. Viele so wie wir erleben ihr blaues Wunder.

Ich möchte an diese Stelle keinem abraten auszuwandern, aber mit Südeuropa, Spanien und ganz besonders Mallorca, wo schon das ganze deutsche Strandgut angespült wurde, sollte man sehr sehr vorsichtig sein. Jeder soll seine Erfahrungen machen. Manchmal führen uns gerade die schlechte Erfahrungen zu einem späteren reiferen Blick und wir finden auch unseren Glück dabei.

Ich werde nun ein paar Alternativen erwähnen, sodass man dann eine Entscheidung treffen kann, die einen am Ende vielleicht zufrieden stellt.

Was Du nun brauchst ist am besten ein Gesprächspartner der/die Dir zuhört, oder aber vielleicht ist es noch besser ein Block und ein Stift bereit zu haben und alles aufzuschreiben.

Wie auch immer, jetzt geht`s los! Halte durch, denn es sind viele Fragen und Aufgaben für dich!

1. Male aus oder denk mal nach wie sieht ein perfektes Leben nach Deinen Vorstellungen und Deinen Wünschen aus.

2.Schreibe alle deine Wünsche auf, die Du hast. Das können kleine und große Wünsche sein, Wünsche die mit „Vernunft" nichts zu tun haben. Dass es leichter geht stell Dir vor, Du hättest in den Händen eine Aladinlampe!

Das kann sich in einen Kinderspiel verwandeln das richtig Spass macht..

3. Wenn Du wirklich ins Ausland willst, denk mal nach was Du hier magst, was hier zurück bleibt. Also erwähne alle Dinge die Du als „positiv" empfindest und die Du auch vermissen wirst wenn Du nicht mehr in Deutschland lebst.

4. Es ist nicht schwer zu erraten, jetzt sind alle negativen Dinge dran, die dein Leben schwer machen, die es aber nicht mehr gäbe, wenn du im Ausland leben würdest. Verschwinden wirklich alle negativen Dinge Deines Lebens mit dem Wechsel des Ortes ?

5. Warum sollst ausgerechnet Du auswandern?

6. Warum gerade jetzt?

7. Ich nehme an Du hast schon auch ein Land ausgewählt wohin Du auswandern

möchtest. Warum ausgerechnet dieses Land?

8. Wie kamst du überhaupt auf die Idee auszuwandern?

9. „Was erwarte ich von meinem neuen Leben in dem neuem Land?" Was wird da besser sein als bisher?

10. „Kann ich diese Lebensweise die ich von meinem neuen Leben erwarte auch hier einigermaßen ausleben?"

11. Stell Dir mal Deinen Alltag in deiner neuen Heimat vor.

12. Stelle dir vor, dass Du so lebst wie Du es Dir in deine schönsten Träumen gewünscht hast. Nimmt Dir Zeit und schreibe auf wie Du Dich fühlst.
Kleiner Tipp: Es ist nicht verrückt, aber lass diese schönen und beflügelnden Gefühle sich in dir einprägen. Tu einfach so als ob es Wirklichkeit wäre. Es ist einfach ein

psychologischer Trick und es bringt Dir einen „Schubs" in Dein Unterbewusstsein; und das wird dann alles tun, dass Deine Vorstellungen in Erfüllung gehen. Dafür habe ich Dich vorhin schon aufgefordert, alle Deine Wünsche aufzuschreiben, am besten 100 aber es können auch mehr sein. Schreib auch diese Wünsche auf, die momentan ganz unerreichbar erscheinen.
Das wirkt Wunder, Du wirst es schon selber sehen und erleben!..und bestimmt weiter erzählen…

13. Schreib unbedingt Deine Businessplan - Deine Geschäftsidee auf und vor allem WIE sie erfolgreich funktionieren kann.

So, „Ich habe jetzt fertig".- sagte ein großer Fussballmeister.

Ich weiß wie es mit der Idee auszuwandern ist: wenn sie mal durch den Kopf gegangen ist, lässt nicht mehr nach. Im Gegenteil, sie wird stärker und stärker, je öfter Du den Briefkasten geöffnet hast…☺

Was wichtig ist, ist die Zufriedenheit und Ruhe die in dein Herz einkehren, egal, welche Entscheidung Du auch getroffen hast.

Viel, viel Glück, wünsche ich dir! Damit mein Wunsch an Dich auch in Erfüllung geht, meide Mallorca ☺.

Aber bevor du gehst, lies doch noch mal:

Die 10 Mallorca Gebote

1. Wenn Du eine Ehekrise hast, gehe nicht nach Mallorca, geschweige denn, wandere dorthin aus.

2. Wenn Du (mehr) Geld verdienen willst, gehe überallhin, bloß nicht nach Mallorca.

3. Wenn Du in Leben und Beruf erfolgreich sein möchtest, gehe überall wohin Dich dein Herz trägt- bloß nicht nach Mallorca!

4. Bist Du reich und brauchst billige Arbeitskräfte? Möchtest Du Dich auf Kosten anderer wie ein Diktator fühlen, Dein kleines Ego auf Kosten der arbeitenden Menschen aufpolieren? - dann nichts wie ab nach Mallorca.

5. Bist Du wohlhabend und möchtest Pleite gehen- gehe nach Mallorca (am besten nach Cala Millor oder Arenal) da geht´s am Schnellsten.

6. Suchst Du eine gut bezahlte und sichere Arbeit, gehe überallhin aber nicht nach Mallorca!

7. Bist Du Multimillionär und möchtest Dein Leben geniessen, dabei zuschauen wie sich die Mittelschicht quält und zur Unterschicht

hinvegetiert? - ab nach Mallorca!

8.Möchtest Du wirtschaftlich um Jahrzehnte zurückgeworfen werden, gehe nach Mallorca und eröffne eine Bar oder Boutique.

9.Willst Du unter Mindestlohn putzen oder buckeln mit guten Chancen, dass Dir während der Arbeitszeit die Bude ausgeräumt wird - dann fackel nicht lange, ab nach Mallorca!

10. Möchtest Du Deinen Kindern die Zukunft vollends verbauen, mit Garantie auf Hautkrebs und Arbeitslosigkeit? - ab nach Mallorca!

Und nun nur für die , die schon im Ausland leben und nicht mehr wissen, wie es weiter gehen soll..

Für Dich habe ich eine ganz klare Ansage: lass Dir nicht alles gefallen, von den launischen Arbeitgebern die sich alles mögliche erlauben und noch für was Besonderes halten.

Viele von denen führen selber einen Überlebenskampf oder fristen ein ganz unglückliches Leben, sodass sie ihre Wut und ihren Ärger an dem nächstbesten auslassen, der ihnen gerade über den Weg läuft und das sind eben meist seine schlechtbezahlten Arbeiter.

Zurück nach Deutschland war nur ein neuer Anfang für mich. Die erste Zeit war natürlich sehr schwer und ich musste mich erst wieder daran gewöhnen, dass hier alles anders und so richtig doof ist. Ausser das verdammte Geldverdienen. Das ist hier in Deutschland ein Kinderspiel. Schon nach ein paar Monaten Leben in Deutschland wurde mir klar: das war die beste Entscheidung die wir je treffen konnten. Mein Mann hat wieder seine Gartenbaufirma aufgebaut und es ging sofort los und war erfolgreich. Das Gefühl in der Heimat zu sein, also zuhause, behütet und mit allen sozialen Sicherungen war sehr schön und wir sind sehr dankbar das es so ein Land wie Deutschland gibt. Man nennt es ja auch" das Land der Abzocker". Das stimmt ja auch, man buckelt sich fast zu Tode und dann wird einem das Meiste wieder abgenommen (siehe meine Ausführungen zu dem Thema Briefkasten).

Aber man muss eben soviel arbeiten, dass einem immer noch genug bleibt und das ist möglich, trotz Abzockerei. In Mallorca wird man nicht abgezockt, da gibt's nicht mal Briefkästen. Nur da verdienst Du ja auch nichts. Ein echter Teufelskreis. Die perfekte Mischung wäre:

Spanien so wie es ist, aber mit den Verdienstmöglichkeiten Deutschlands…

Das wäre genial….nur das gibt's nicht in der grausamen Realität.

Was ist Deine Meinung? Natürlich hast Du ein Recht auf Deine Meinung.

Bei mir ging es ja auch ganz schnell bergauf. Ich war so begeistert von den Shoppingrunden die man auch für wenig Geld in Deutschland machen kann. In Spanien war das nicht so, es war alles viel teurer und die Qualität oftmals mangelhaft, außer man shoppt nur bei Mango und es ist gerade Sale. Nach einem halben Jahr zurück in Deutschland habe ich angefangen, meine Ausbildung zur Psychologischen Beraterin zu machen, was mir sehr viel Spaß und Freude bereitet hat. Die spätere Eröffnung von meiner eigenen Praxis hat mich wirklich stolz gemacht. Man fühlt sich einfach erfolgreich.

Wer denkt da noch an schlechtes Wetter (Nur nicht zum Fenster rausschauen!?)

Und ob!

Wenn ich nun die beliebte und bekannte Sendung anschaue (inzwischen gibt es mehrere Sendungen mit verschiedenen Namen bei verschiedenen Sendern), schüttele ich nur den Kopf und frage mich: „Sind die verrückt?" Nein, ich habe nicht vergessen dass wir noch verrückter waren.

Eben, waren. Es ist vorbei.

Nun sind wir wieder in Deutschland, ganz glücklich und zufrieden mit allen was wir erreichen. Unsere kleinen Firmen wachsen und das ist ein schönes Gefühl. Mein Mann hat neben der Gartenbaufirma auch einen Briefmarkenhandel für mich aufgebaut. Was einst als Hobby zu bezeichnen war, hat sich zu einem richtigen Geschäft mit Internetshop und Ladenlokal entwickelt.

„Aus Spaß wurde ernst. Ernst ist nun drei Jahre alt"- wie man so schön sagt.

Die Kinder gehen zur Schule, die Grosse

möchte Köchin werden, und wir sind alle so stolz darauf und können` s kaum erwarten, Sauerbraten nach ihrer Art zu probieren. Die kleine möchte (Chef-) Ärztin werden, was wir dann auch unterstüzen. Der kleinste ist noch am „Überlegen." Wir sind überzeugt davon, dass wenn sie sich ein bisschen Mühe geben, im Leben viel erreichen können. Und das ist auch ein schönes Gefühl dass man weiß, meine Kinder haben eine Perspektive, haben eine schöne Zukunft. Vieles liegt natürlich auch in eigenen Händen. Wenigstens, eine Basis besteht.

Und das ist : in ihrer Heimat. In Deutschland.

Auch Deine Heimat.

Deutschland ist inzwischen auch meine Heimat.

Und ich bin echt dankbar dafür!

Allerdings…..naja ich will nicht wieder von vorne anfangen.

Trotzdem möchte ich hier noch für künftige Auswanderer einen kleinen Spezialitätenvergleich zwischen Mallorca und Deutschland niederschreiben, vielleicht hilft dieser ja bei der einen oder anderen Entscheidung:

Achtung, was nun kommt sind keine Speisekarten…☺

Deutsche Spezialitäten:
-Mistwetter
-Heizkosten ohne Ende
-Stromabzocke
-Briefkasten
-Nachbarn
-Ärger mit Anwälten
-Steuerabzocke
-Papierkram ohne Ende
-streitsüchtige Menschen

-Abzocke der Autofahrer
-sauteure Krankenversicherung die dann doch nichts zahlt

-Sauerbraten
-angemessenes Kindergeld
-Schlittenfahren
-Geld verdienen leicht gemacht
-kein Meerblick, aber ein stromfressendes Aquarium

Mallorquinische Spezialitäten:

-Traumwetter
-keine Heizkosten
-keine Stromabzocke
-keine Briefkästen
-nette liebe Nachbarn
-keine Anwälte nötig
-Steuern? Nie gehört
-Papierkram? Nur um den herrlichen Holzofen anzuschüren

-lauter nette Menschen (außer den Deutschen Zuwanderern natürlich)
-keine KFZ-Kosten (außer das bisschen Benzin)
-Paella
-staatliche Krankenversicherung
-tolle frische Meerluft
-von allen Seiten traumhafter Meerblick

-kein Sauerbraten
-viel zuwenig Kindergeld
-keine bis schlechtbezahlte Arbeit
-Geld verdienen sehr sehr schwierig

Nun liebe Leserin, lieber Leser

Entscheiden Sie selbst….

Mein Fazit ist ganz einfach:

Wenn die Kohle stimmt, Spanien,
Wenn sie nicht stimmt Deutschland, denn selbst im Paradies kann man ohne vernünftiges Einkommen nicht existieren.

Nach Spanien zu gehen, UM Geld zu verdienen ist ein Trugschluss, der nicht ohne schwerwiegende Folgen bleiben wird.

Viel Spass bei Ihrer Entscheidung…

Danksagung

Ich danke ganz herzlich allen die mir ermöglicht haben dieses Buch zu realisieren:

Meinem Mann Jörg der mit seinen

Ratschlägen beigetragen hat dass ich ihn auch diesmal als meine *Graue Eminenz* bezeichnen kann; „Ich habe dich lieb, mein Schatz!"

Meiner Tochter Cynthia (13) die an der Verbesserung meiner Rechtsschreibfehler gearbeitet hat und wenn sie doch welche finden, haben Sie bitte Erbarmen mit der Kleinen, es waren doch so viele (Fehler) und deutsch ist ja nicht ganz leicht für uns Ausländer. Nur leider hatte sie nie richtig Vergnügen dabei und beendete es so schnell wie möglich."Danke, Süsse!"

Sandy-Jayne und Michael, „unseren kleinsten", die Ruhe gegeben haben und so dazu beigetragen haben, dass die Mama in aller Ruhe das Buch zu Ende bringen kann; „Ihr zwei, ihr seid doch die Besten!"

Dem Ärzteteam das mich seit Januar 2011 begleitet und beigetragen hat, dass ich mich heute wie neugeboren fühle: Dr. Arnold, der

Internist aus Erlangen, Waldkrankenhaus und der Nuklearklinik in Erlangen.

Den Lesern meines erstes Buches: „Good bye, Mallorca!", BoD GmbH, die dazu beigetragen haben, dass mein Buch zu einem Bestseller wird und den vielen netten Briefen die sie mir geschrieben haben und mich unterstützen. Aufgrund dessen habe ich mich getraut noch ein Buch mit dem Thema „Auswandern" zu schreiben.

Die BoD GmbH, die es mit ihrem einzigartigen Konzept allen ermöglicht, ihre Werke auch zu veröffentlichen.

Gott segnet Euch (uns) alle!

Ich danke auch Dir herzlichst für Deine Aufmerksamkeit und die Zeit die Du mir und meinem Buch gewidmet hast.

Gott sei bei dir! Immer und überall!

Über die Autorin

Zorica Bamberger, aus Serbien stammende Psychologische Beraterin, lebt seit sieben Jahren in der Nähe von Nürnberg, nach dem sie fast sechs Jahre mit der Familie auf Mallorca verbracht hatte. Auf diese Zeiten blickt sie sehr gerne zurück, denn das waren die schönste Jahren ihres Lebens. Nicht desto trotz, meinst sie und spürt sie, die schönste Zeit steht erst vor ihr..

Bei dem Verlag Bod GmbH, ist außerdem noch ihr Buch "Good Bye, Mallorca!" erschienen -das Buch von Mallorca, Deutschland, Auswanderern und Rückkehrern

ISBN 9783848200016 ,

Sowie zwei Bücher in serbo-kroatisch , ihrer Muttersprache.

Wir empfehlen:

Zorica Bamberger: "Good bye, Mallorca!"-das Buch von Mallorca, Deutschland, Auswanderern und Rückkehrern,
BoD GmbH,

Zorica Bamberger:

BIG FIVE *

Es ist passiert, womit niemand gerechnet hätte. Eine Gigantenfirma ist pleite gegangen.
Nichts hat geholfen, kein Politiker und auch kein neuer Investor konnte sie retten.
Viele sind dadurch arbeitslos geworden. Einer von ihnen, ein gewisser Herr Müller, kam eines Tages in meine Praxis und suchte Hilfe in Sachen Lebensberatung und wie es nun mit ihm weiter gehen solle.
Er erzählte:
"Ich habe alles versucht um eine neue Arbeitsstelle zu finden, vergeblich. Aber ohne arbeiten zu gehen fühle ich mich jeden Tag schlechter und schlechter. Ich habe schon mal davon gehört, dass man irgendwelche speziellen Eigenschaften besitzen muss, um eine gute Arbeitsstelle zu bekommen und diese dann auch zu behalten. Können Sie mir in dieser Sache hilfreich zu

Seite stehen? Welche Eigenschaften sind das genau, die die Arbeitgeber bei Arbeitsuchenden bevorzugen?"

"Ja, das stimmt Herr Müller. Sie haben bestimmt von den so genannten Big Five gehört, also den Großen Fünf. Damit sind aber viele Eigenschaften gemeint, sortiert in fünf Gruppen.

Als Erstes ist das Extraversion, von Ihnen wird erwartet, dass Sie gesprächig sind, energiegeladen und bestimmt.

Als zweites ist Verlässlichkeit gefragt, Sie müssen verlässlich, mitfühlend und freundlich sein.

Als drittes ist da die Gewissenhaftigkeit und da wird von Ihnen erwartet dass Sie gut vorbereitet, organisiert, vorsichtig und verantwortungsbewusst agieren .

Die vierte Gruppe ist die so genannte Emotionale Stabilität, den Arbeitgeber bevorzugen stabile, ruhige und überaus zufriedene Person.

Letztendlich, bei Punkt fünf it die Offenheit

für die Erfahrungen gefragt, wo Ihre Kreativität und Intelligenz bewertet wird."

Herr Müller hörte meinen Ausführungen gut zu, zuckte ein paar mal mit den Augen und sagte sichtbar enttäuscht:

"Wissen Sie, Frau Bamberger, Sie haben nicht alle! Oh, pardon, ich, ich .. ich habe nicht alle, ich meine nicht alle von diesen Eigenschaften die Sie gerade erwähnt haben."

"Halb so schlimm, Herr Müller",- sagte ich gar nicht verunsichert,-"Die Großen Fünf dienen ja nur als grobes Raster."

"Ach, ja. Da habe ich aber großen Glück gehabt, was?"- sagte Herr Müller und fuhr fort: "Ich bin ja nur so ein ganz normaler Mensch der arbeiten will, mehr nicht, und kein Supermann oder Terminator oder wie so ein Superheld genannt wird? Spontan und ruhig, gelassen und freundlich, kreativ, intelligent, gut organisiert.. und das ist nur der Anfang! Oh Gott, oh Gott, oh Gott!"

"Tja, Geduld ist wohl nicht Ihre Stärke, Herr Müller", wollte ich noch sagen, aber wo er recht hat hat er recht und so sagte ich vorsichtshalber nichts. "Es gibt aber auch so genannten Unteren Pool von allen diesen guten Eigenschaften, also das Gegenteil von den Großen Fünf, wollen Sie was davon hören, Herr Müller?"- ich dachte, auf diese Weise werde ich ihn vielleicht am besten beruhigen.

"Ja, warum nicht, schießen Sie los!"

"Also, das sieht dann so aus:
Erstens: Extraversion: ruhig, reserviert, schüchtern.
Zweitens: Verlässlichkeit: kalt, streitsüchtig, unbarmherzig.
Drittens: Gewissenhaftigkeit: sorglos, verantwortungslos, launenhaft.
Viertens: Emotionale Stabilität: besorgt,

labil, launenhaft.
Fünftens: Offenheit für Erfahrungen: einfach, oberflächlich, unintelligent."

"Ach, so schlimm ist es nicht bei mir."- ja stimmt er war schon in besserer Laune. -"Ein bisschen besorgt und ungeduldig bin ich momentan, das wäre ja jeder in meiner Situation, ansonsten würde ich sagen, ich habe dann ganz gute Chancen auf dem Arbeitsmarkt."

"Das würde ich auch sagen. Na dann, viel Glück, Herr Müller!"

"Danke. Das Glück werde ich wohl am meisten gebrauchen. Wenigstens wegen diesen Big Five bin schon mal beruhigt. Wer ist denn schon perfekt?"

"Da haben Sie mal wieder recht, Herr Müller!"

Und er ging. Ins Leben. Zufrieden mit all

seinen guten und schlechten Eigenschaften.
(Auszug)

* Der richtige Name des Klienten wurde aus Gründen der Schweigepflicht abgeändert.

Quelle: Studienbrief Nr. 5, Psychologische/er Berater/in, Camilla von Loesch, Impulse e.V. Wuppertal

Auszug aus dem Buch:
Zorica Bamberger: "Good bye, Mallorca!"- das Buch von Mallorca, Deutschland, Auswanderern und Rückkehrern, BoD GmbH, ISBN 9783848200016